Ronny Gerloff

Die deutsche Sprache im Zeitalter der neuen Medien

Sprachverfall durch neue Kommunikationskanäle in sozialen Netzwerken?

GRIN Verlag

Bibliografische Information der Deutschen Nationalbibliothek:

Die Deutsche Bibliothek verzeichnet diese Publikation in der Deutschen National-
bibliografie; detaillierte bibliografische Daten sind im Internet über http://dnb.d-
nb.de/ abrufbar.

Impressum:

Copyright © 2014 GRIN Verlag GmbH
Druck und Bindung: Books on Demand GmbH, Norderstedt Germany
ISBN: 978-3-656-89653-1

Dieses Buch bei GRIN:

http://www.grin.com/de/e-book/289357/die-deutsche-sprache-im-zeitalter-der-
neuen-medien

GRIN - Your knowledge has value

Der GRIN Verlag publiziert seit 1998 wissenschaftliche Arbeiten von Studenten, Hochschullehrern und anderen Akademikern als eBook und gedrucktes Buch. Die Verlagswebsite www.grin.com ist die ideale Plattform zur Veröffentlichung von Hausarbeiten, Abschlussarbeiten, wissenschaftlichen Aufsätzen, Dissertationen und Fachbüchern.

Besuchen Sie uns im Internet:

http://www.grin.com/

http://www.facebook.com/grincom

http://www.twitter.com/grin_com

Abendgymnasium Hannover

Qualifikationsphase Abitur 2015

Facharbeit

besondere Lernleistung
im P4 Fach – Deutsch

Die deutsche Sprache im Zeitalter
der neuen Medien – (Sprache in
sozialen Netzwerken)

vorgelegt von: Ronny Gerloff

17.11.2014

Abendgymnasium Hannover

Gymnasium für Erwachsene

Schuljahr: 2014/ 2015

Fach: Deutsch

Eine Untersuchung der deutschen Sprache im Zeitalter der neuen Medien: Sprachverfall durch neue Kommunikationskanäle in sozialen Netzwerken?

von

Ronny Gerloff

Inhalt

1 Einleitung

1.1 Vorstellung und Ziel des Themas

Ein Alltag ohne die neuen Medien ist nicht mehr vorstellbar: Täglich nutzen wir unsere Computer, versenden SMS, bewegen uns in sozialen Netzwerken wie Facebook, Twitter, WhatsApp, Instagram, Flickr und vielen mehr. Insbesondere das Web 2.0 und die sozialen Netzwerke haben sich in den letzten Jahren rasant entwickelt. Ständig werden es mehr. Täglich begegnen wir ihnen und bewegen uns selbst darin. Doch welchen Effekt hat dies auf unsere Sprache? Wie beeinflusst es unser Ausdrucksvermögen, wenn wir uns z.B. auf schmale 160 Zeichen begrenzen müssen, Abkürzungen suchen und finden, Emotionen durch Smileys ausdrücken? Wie gestaltet sich unsere Sprache, wenn wir tagtäglich mit vielmals falscher Rechtschreibung, unvollständigen Sätzen und fehlender Grammatik bei Facebook konfrontiert sind?

Das Hauptaugenmerk dieser Facharbeit liegt in der Frage, ob unter dem Einfluss der Kommunikationsmittel in sozialen Netzwerken die deutsche Sprache zunehmend negativ beeinflusst wird. Ich möchte ermitteln, wie diese Entwicklungen für die deutsche Sprache zu werten sind, wer überhaupt bestimmt, was gute Sprache ist und wie die Zukunftsaussichten für den Sprachgebrauch in den sozialen Netzwerken stehen. Dabei stützt sich diese Arbeit auf verschiedene Studien der Sprachwissenschaftler Angelika Storrer, Albrecht Plewnia Christa Dürscheid, Martin Haase, u.a.

Beschränken werde ich mich dabei in Hinblick auf den begrenzten Umfang dieser Arbeit auf die technischen Mittel Facebook-Messenger und WhatsApp-Messenger, die Umfragen zufolge derzeit (vgl. Internet World Business Magazin, 2013) die beliebtesten Applikationen für die Kommunikation in den Sozialen Medien sind.

Um sich der Fragestellung zu nähern, muss zunächst betrachtet werden, wie sich soziale Medien definieren und wie dort kommuniziert wird.

2 Technische Mittel und Begrifflichkeiten

2.1 Instant Messenger (IM)

„Der Ausdruck „Instant Message" wurde von Paul A. Linebarger geprägt. Er beschrieb damit in seinen Science-Fiction-Geschichten aus den 1960er Jahren Nachrichten, die mit Überlichtgeschwindigkeit über interstellare Distanzen hinweg verschickt werden konnten." (Poczynek, 2010, S. 106)

Instant-Messaging (IM) bedeutet eine sofortige Übertragung von Nachrichten, bzw. Nachrichtensofortversand. Es ist eine Kommunikationsform, bei der sich in der Regel zwei oder mehr Teilnehmer via Textnachrichten, (ähnlich dem Chatten an PCs) miteinander unterhalten. Unter dem Begriff Instant-Messaging versteht man also das „Chatten". Hierbei findet der Austausch von Kurz-/ Textnachrichten als Dialog in der Regel innerhalb von Sekunden statt - eine schnelle Internetverbindung aller Teilnehmer vorausgesetzt. Dieses Verfahren wird „Push-Verfahren" genannt und beide Kommunikationsteilnehmer müssen über einen Web-Client miteinander verbunden sein. Die bekanntesten Clients sind derzeit der Facebook-Messenger und WhatsApp-Messenger. Christa Dürscheid und Karina Frick bezeichnen diese Kommunikationsformen als Keyboard-to-Screen-Kommunikation, weil sowohl eine Tastatur (für die Eingabe der Nachricht) als auch ein Bildschirm (zum Lesen der Nachricht) notwendig ist. (vgl. Dürscheid & Frick, S. 152) Sowohl der Facebook- als auch der WhatsApp-Messenger gehören in diese Kategorie.

2.2 Web 2.0

Der Begriff des Web 2.0 steht für unser derzeitiges Internet, ebenfalls bekannt unter dem Synonym „Social Web" (Ruhnkehl, 2012). Es definiert sich in Abgrenzung zum früheren Web 1.0 - „World Wide Web" mit reinen Verbindungen von Informationen, hin zum Web 2.0 - „The Social Web", zur Verbindung von Menschen untereinander im Internet. „Künftig soll Technik intelligenter werden, um dem Individuum noch bessere Vernetzungs- und Informationsmöglichkeiten zu bieten" (Ruhnkehl, 2012, S. 17)

Die Entwicklung des Internets bewegt sich durch Zunahme von intelligenter Informationsvernetzung und Steigerung durch sozialer Verbindungen von dem Web 1.0 über das Web 2.0 hin zum Web 3.0 - „The Semantic Web", welches Wissen verbindet und auf das Web 4.0 - „The Relationsship Web", also der Verbindung von Intelligenz, zu. (vgl. Ruhnkehl, 2012, S. 10 ff)

Die Kommunikation steht daher im derzeitigen Web 2.0 komplett im Fokus der Anwender und Anbieter. Alle kommunizieren standortunabhängig über das Internet auf diversen Plattformen. Die gesellschaftliche Bedeutung der Web 2.0 - Anwendungen lässt sich durch ihre Mitgliederzahlen, der Beliebtheit und der Häufigkeit der Nutzung belegen. Facebook ist das größte soziale Netzwerk mit 728 Millionen Nutzern weltweit im 3. Quartal 2013 (vgl. Kirch, 2014)

Anfang Oktober 2014 übernahm der Social-Media-Gigant Facebook den Nachrichtendienst WhatsApp mit ca. 600 Millionen Nutzern weltweit und vergrößert so sein Einflussgebiet als Branchenprimus erneut. Besonders in Deutschland ist dieser Kurznachrichtendienst die beliebteste App und ist auf fast jedem Handy installiert: 32 Millionen der Deutschen nutzen sie – im Gegensatz zu 27 Millionen, welche die Messenger-Funktion von Facebook verwenden. (vgl. Fiene, 2014)

3 Sprachverfall durch neue Kommunikationskanäle?

3.1 Status Quo in den Medien

Die Behauptung, dass die deutsche Sprache durch die neuen Medien einem massiven Wandel mit einhergehender Verarmung ausgesetzt sei, taucht immer wieder in den Medien auf.

„Twitter, Anglizismen und Abkürzungen wie ‚HDL' gefährden die Sprachkompetenz ganzer Generationen" (Die Welt Online, 2012) betitelte am 21.12.2012 *Die Welt* einen Artikel über ein Interview mit dem Rechtsschreibrats-Vorsitzenden Hans Zehetmair über das deutsche Sprachgut. Dieser bemängelt: „Eine junge Generation schreibt heute – um ihre Liebe zum Ausdruck zu bringen – keine Briefe mehr, sondern ‚HDL'– ‚Hab dich lieb'." Die große Sorge, die in dem Interview zur Sprache kam, stellt die Schreibfähigkeit insbesondere bei Jugendlichen auf die Probe. Zehetmair geht sogar soweit und stellt 20% der Jugendlichen als Analphabeten dar. (vgl. Die Welt Online, 2012)

„SMS-Sprachalarm" titelte auch der Spiegel (Der Spiegel-Online, 2003) in einem Artikel über eine schottische Schülerin, die einen Text im SMS-Stil über ihre Sommerferien mit einer Reihung von Abkürzungen, Zahlen und seltsamen Zeichen geschrieben hatte, die den Lehrer überforderten. Dies nahm der Spiegel als Anlass, bereits vor elf Jahren einen drohenden Bildungsverfall heraufzubeschwören.

Der Saarländische Rundfunk fragt jüngst: „Immer wieder wird auch darüber diskutiert, ob neue Medien wie Smartphones und Tablet-PCs dazu führen, dass Kinder ‚korrektes Deutsch' verlernen." (Saarländischer Rundfunk Online, 2014)

Es stellt sich also die dringende Frage, ob die Nutzung von Smartphones, Tablets oder PCs und die damit einhergehende häufige Nutzung der Instant-Messenger wie Facebook oder WhatsApp in Schule und Privatleben einen Einfluss auf die Schreibkompetenz bzw. die Sprachkompetenz jedes Einzelnen haben und ob dieser tatsächlich negativ zu werten ist.

Derzeit befassen sich auch viele Linguisten mit der Veränderung der Kommunikation im Web 2.0, einigen ihrer Erkenntnissen möchte ich mich hier widmen.

Um zu beurteilen ob mit diesem Ansatz ein Sprachverfall oder Sprachwandel diagnostizierbar ist, muss zunächst einmal der Status Quo betrachtet werden: Wie wird im Internet kommuniziert – und was ist daran anders als in der regulären Sprache? In dieser Arbeit liegt dabei der Fokus auf der Nutzung des IM. Es ist insbesondere zu klären, auf welche Art und Weise und in welchen Situationen er genutzt wird, ob er andere Typen der Kommunikation ergänzt oder sie verdrängt und vor allem: wie mit ihm kommuniziert wird.

3.2 Definition von Sprache

Wenn der mögliche Sprachverfall Untersuchungsgegenstand ist, müssen wir uns zunächst einmal dem Begriff Sprache nähern. Dieser ist ein Abstraktum, schwer nachzuvollziehen und greifbar, sagt der Sprachwissenschaftler Schrodt (vgl. Schrodt, 2013, S. 18) Deshalb schlägt er zur einfacheren Definition die Begrifflichkeiten „Text" oder „Sprachverhalten" vor, die folglich in dieser Arbeit genutzt werden.

3.3 Sprachverhalten im Internet

In ihrem Aufsatz „Internet-Kommunikation und Sprachwandel" stellen die Autoren Martin Haase et al (vgl. Haase, Huber, Krumeich, & Rehm, 1997, S. 52) folgende Thesen zu Kommunikation und Sprachwandel auf:

1. Neue besondere Kommunikationsbedingungen führen zu sprachlicher Innovation. Dies ist zum einen den technischen Gegebenheiten zuzuschreiben, zum anderen aber auch konzeptioneller Natur. Die Autoren prognostizieren einen Anstieg dieses Sprachwandels, je verbreiteter die Internetkommunikation wird.

2. Obwohl Computerkommunikation bisher über Tastatur und Bildschirm an ein schriftliches Medium gebunden ist, wird sie vor allem schriftsprachlich konzipiert. Es herrscht also ein besonderes Spannungsfeld zwischen Mündlich- und Schriftlichkeit.

Im Messenger, auf den sich diese Arbeit bezieht, werden mündliche Äußerungen in ein anderes Medium verschoben oder fallen aus Bequemlichkeit zugunsten des geschriebenen Textes weg. Es wechselt also die Sprechhandlung das Medium, aus Wort wird Text.

3.4 Nutzung der Instant Messenger (IM)

300 Millionen aktive Nutzer, die täglich rund 11 Milliarden Nachrichten verschicken – diese aktuellen Zahlen nennen Dürscheid & Frick zu WhatsApp. Dieser Dienst sei deshalb so populär, weil er auf Werbung komplett verzichte und einfach zu bedienen sei. (vgl. Dürscheid & Frick, Keyboard-to-Screen-Kommunikation gestern und heute: SMS und WhatsApp im Vergleich, 2014, S. 162) Der Name soll wie das belanglose „What's up", also „Wie geht's", klingen und den Nutzer zu zwanglosem Smalltalk animieren. Bei WhatsApp und dem Facebook-Messenger können sowohl Bilder als auch Videos verschickt werden. Das wichtigste Feature allerdings ist der Gruppenchat, zu denen bis zu 50 Personen eingeladen werden können, um gemeinsam miteinander zu chatten.

Zudem bieten die IM eine große Bandbreite an vorgefertigten Emoticons, die verwendet werden können, der Standort kann automatisch mitgeteilt werden, ein Profilbild vergeben, die Nachricht über Mikrofon eingesprochen werden.

Leider gibt es zur exakten Erforschung meiner Fragestellung, inwiefern die Nutzung des IM einen Sprachwandel herbeiführt, (noch) keine wissenschaftliche Studie. Dürscheid und Frick schreiben, dass ihnen keine detaillierte Studie zu WhatsApp bekannt sei (der Aufsatz ist aus dem Jahr 2014), erst 2012 habe es den ersten Eintrag bei Wikipedia dazu gegeben. Facebook habe erst 2012 und 2013 in die linguistische Forschung Einzug gehalten. Da es keine Forschungsarbeit zu dem Thema gebe, dürfe deshalb legitimierter Weise auch in einer linguistischen Arbeit auf allgemeine Informationen verwiesen werden. (vgl. Dürscheid & Frick, Keyboard-to-Screen-Kommunikation gestern und heute: SMS und WhatsApp im Vergleich, 2014, S. 150-151)

3.5 Sprachliche Innovationen in der Internetkommunikation

Im Folgenden möchte ich auf einige dieser sprachlichen Innovationen eingehen, die als neu in der Internetkommunikation von diversen Sprachwissenschaftlern identifiziert werden:

Ideogramme und verschieden dargestellte Gefühlsäußerungen werden von M. Haase et al als Beispiele aus der Pragmatik angeführt: Um ironische Bemerkungen in der digitalen Kommunikation als solche zu kennzeichnen, nutzt man sogenannte Ideogramme/ Emoticons. Das erste Emoticon wurde 1980 in einem Newsartikel genutzt: (Raymond, Eric S., 1996 zit. nach Haase, Huber, Krumeich, & Rehm, 1997, S. 83). Seit 25 Jahren sind unzählige mehr dazugekommen – ein relevanter Faktor in den Messengern. (vgl. S.83, ebd.) Gefühlsäußerungen werden in Asterike eingebettet (*smile*/ *traurigschau*). Des Weiteren findet laut der Autoren eine Lexikalisierung, im Sinne von Ausbau des Lexikons statt, wenn beispielsweise Abkürzungen und Akronyme benutzt werden. Hier sind die Nutzer oft sehr kreativ: LOL, CUL8R, FYI, YOLO.

Vereinfachungen sind eine weitere Besonderheit, oft wird nur Kleinschreibung genutzt, oder nicht auf die Grammatik geachtet. Des Weiteren hat die Comicsprache Einzug in die Sprache der Messenger gehalten: .z.B. *aaargh*, *iiiiiiiiehk* oder *rooooar*. (vgl. Haase et al, 1997, S. 77)

3.6 Ergänzung oder Verdrängung anderer Arten der Kommunikation

SMS ist im Gegensatz zu den IM eine „alte, neue Kommunikationsform" (Dürscheid, Wagner, & Brommer, Wie Jugendliche schreiben, 2010, S. 151), die schon seit Ende der 1990er genutzt wird, WhatsApp dagegen ist erst seit ca. zwei Jahren populär. Die unter Punkt 3.4. genannten Eigenschaften, die ein großes Plus gegenüber der SMS sind, sprechen dafür, dass die Nutzung des IM noch weiter ansteigen wird.

Nachrichten im IM sind unverbindlicher und werden mit weniger Sorgfalt in einem sehr hohen Kommunikationstempo geschrieben, beschreiben (vgl. Dürscheid & Frick, 2014, S. 171). Sie berufen sich auf eine Studie, in der enorme Flüchtigkeits- und Tippfehler bei der IM-Nutzung auftraten. Kein Wunder, wenn der Nachrichtenpartner durch Häkchen symbolisiert bekommt, wann der andere online ist und wann er die Nachricht liest, sodass ein ständiger Zeitdruck erzeugt wird, möglichst schnell zu antworten. Die Themen sind aufgrund der „quasi-synchronen Kommunikationspraxis" (Dürscheid & Frick, 2014, S. 172) anders als bei der SMS. Es herrscht keinerlei Zeichenbegrenzung und es wird auch oft geschrieben, wenn kein konkreter Anlass besteht, z.B. in Bus oder Bahn aus Langeweile. Die Kommunikation ist weniger zielgerichtet als sie das in älteren Formen wie Brief oder Aufsatz ist. Oft werden Banalitäten ausgetauscht, Fotos aus dem Alltag verschickt (Essen, Haustier etc.). Eine weitere neue Form von Sprechverhalten ist die der Gruppenchat. Hier finden sich beispielsweise Vereinsmitglieder, Sportgruppen oder Cliquen, die sich so zeitversetzt austauschen und verabreden können. Dies ist eine völlig neue Kommunikationsform.

3.7 Stand der Wissenschaft

Beschäftigt man sich intensiver mit dem aktuellen Forschungsstand der Linguisten, wird schnell klar, dass diese oben aufgezählten sprachlichen Innovationen einen natürlichen Prozess in lebendiger Sprache darstellen.

Zwar gibt die Linguistin Sinaida Fumina zu, dass elektronischer Zugriff auf Sprache eine tendenzielle Abschleifung der Sprachlandschaft mit sich führe (vgl. Fumina, 2003, S. 80).

„Sprache ist niemals Ursache von kulturellem Wandel, sondern immer Folge. Wir können an der Sprache kulturelle Veränderungen ablesen, aber wir dürfen ihr keine Verantwortung für Fehlzustände und Fehlentwicklungen auferlegen." (Schrodt, 2013, S. 15) Sprache folge der Kultur, und wenn sich kulturelle Änderungen welcher Art auch immer einstellten, dann ändere sich auch die Sprache.

Auch Albrecht Plewnia und Andreas Witt erklären, dass in den letzten Jahren eine negative Bewertung des Sprachwandels zugenommen habe, diese aber nicht der Sichtweise der Sprachwissenschaftler entspreche: „Die Annahme, dass es so etwas wie den Verfall der Sprache gibt, ist vermutlich so alt wie das Nachdenken über Sprache selbst." (Plewnia & Witt, 2014, S. 1)

Die Sprachforscherin Angelika Storrer sagt, dass die neuen Medien Einfluss auf die Schrift- und Sprachkultur haben und „dass viele schriftsprachliche Produkte der Netzkommunikation von den normativen Erwartungen abweichen (...)" (Storrer, 2014, S. 171) die an einen Schrifttext gestellt würden. Allerdings sei dies nicht als Verschlechterung der Schreibkultur zu werten, sondern als eine neue Form unter medialen Bedingungen.

Dazu stellt sie etwas sehr entscheidendes fest: „Schrift wird in den neuen Medien zunehmend für den direkten, dialogischen Austausch in der Alltagskommunikation genutzt" (Storrer, 2014, S. 171). Sie bringt dafür den neuen Terminus des interaktionsorientiertem Schreiben auf. Dieses soll nicht mit dem textorientierten Schreiben verglichen werden, da es hier nämlich nicht um das Schreibprodukt an sich geht. Beim Chatten im IM in Echtzeit entstehen „sprachliche Produkte, die nicht dafür gedacht sind, später mündlich reproduziert zu werden" (Storrer, 2014, S. 178)

3.8 Gründe für den Sprachwandel in den neuen Medien

Das Schreiben in den neuen Medien ist geprägt von den technischen Rahmenbedingungen, also den tatsächlichen Werkzeugen. Anstelle eines klassischen Briefes liegt es heutzutage im Zeitgeist, eine schnelle WhatsApp-Nachricht zu schreiben oder den Facebook-Messenger anzuschalten, um dort mit seinem Gesprächspartner zu chatten. Dabei kommt es auf die Schnelligkeit an, denn der Partner interagiert sofort, ohne zeitliche Verzögerung wie beim traditionellen Postweg.

Auch soziale Faktoren und individuelle Kompetenzen spielen eine Rolle. Storrer sagt, dass sich „neue Schreibformen in einem Bereich etablieren, in dem bislang überwiegend mündlich kommuniziert wurde" (Storrer, 2014, S. 172). Somit müsse sich erst dann Sorgen gemacht werden, wenn dieser neue Stil sich nicht nur in den neuen Schreibformen, sondern ebenfalls in den klassischen Formen wie Brief, Aufsatz etc. wiederfinden würde. Sprachliche Auffälligkeiten in der Netzkommunikation deutet sie als Erweiterungen, die „erst dann bedenklich wären, wenn sie nachweislich auch schriftliche Textsortenbereiche beeinflussten" (Storrer, 2014, S. 179).

4 Fazit

In der Gesamtheit der bisherigen Erkenntnisse wird also deutlich, dass kein Sprachverfall, sondern ein klassischer Sprachwandel vorliegt. Die neuen Technologien wie der IM führen zu sprachlichen Neuerungen, die zunächst einmal anders als gewohnt aussehen, aber auch Kreativität zeigen. Die Verschiebung im Verhältnis von Mündlichkeit zu Schriftlichkeit, die von den Sprachwissenschaftlern immer wieder beschrieben wird, ist ein neues Phänomen, das mit den neuen Medien auftritt und sich zunehmend verstärkt. Allerdings ist dies, wie in der Linguistik argumentiert wird, keine Verschlechterung, sondern nur eine Verschiebung.

„Die neuen Kommunikationsformen haben sehr viele Vorzüge und bieten Möglichkeiten der effizienten und multimodalen Informationsvermittlung" (Marx & Schwarz-Friesel, 2013, S. 1). Durch mobile Geräte ist technisch vermittelte Kommunikation nicht an spezifische Orte gebunden, ebenso eröffnen sich durch diese grenzenlosen Räume erweiterte soziale Möglichkeiten der Interaktion. „Insbesondere die vernetzenden und distributiven Funktionen von Social Media, die kaum mehr Analogien zu tradierten Formen mündlicher oder schriftlicher Kommunikation aufweisen, erweitern dabei die kommunikativen Handlungsmöglichkeiten der Nutzer und kennzeichnen eine Ära neuartiger Sozialität." (Dang-Anh, Einspänner, & Thimm, 2013, S. 73). Es wird also deutlich, dass sich die Sprache durch den Einfluss der sozialen Netzwerke zwar verändert, dies aber kein Grund zur Besorgnis ist.

Zudem wurde ersichtlich, dass die IM ein ganz neues Forschungsfeld darstellen und die wissenschaftliche Forschung erst ganz am Anfang steht. Mich interessieren z.B., ob Emoticons einen steigenden Anteil im Internet-Sprachverhalten haben und sich diese Mischsprache von Text & Bild weiter durchsetzen wird, oder ob die sogenannte Twitteratur (Literatur in 160 Zeichen) ein breiteres Publikum findet.

Als Zukunftsaussicht kann man sagen, dass mit dem Anstieg der Internetnutzung auch die sprachlichen Veränderungen zunehmen werden. Was in dieser Arbeit nicht beachtet wurde, aber im Zusammenhang mit den sozialen Netzwerken sicher ein relevanter Faktor ist: Oft wird Internetsprache mit Jugendsprache gleichgesetzt. Christa Dürscheid hat sich in einer sehr großen Studie damit beschäftigt und herausgefunden, dass Jugendliche sehr wohl unterscheiden können zwischen offizieller Sprache und Netzsprache.

(vgl. Dürscheid, Wagner, & Brommer, Wie Jugendliche schreiben, 2010, S. 262 ff) Auch wer bestimmt, was gute Sprache ist, ließ sich im Rahmen dieser Arbeit nicht herausfinden. Der von den Medien propagierte Sprachverfall ist aber vielmehr eine kreative Weiterentwicklung bisher bestehender Kommunikationsarten. Durch den Einsatz neuartiger Technik erweitert sich das Spielfeld von Sprachvielfalt.

Final möchte ich mit den Worten des hannoverschen Sprachwissenschaftlers Peter Schlobinski enden, dessen Aussage mein Fazit unterstreicht: „Wir finden im digitalen Raum sehr unterschiedliche Kommunikationsformen und Textwelten, und die digitale Welt ist sprachlich ebenso bunt und vielschichtig wie die reale." (Dürscheid & Frick, Keyboard-to-Screen-Kommunikation gestern und heute: SMS und WhatsApp im Vergleich, 2014, S. 149)

5 Literaturverzeichnis

Sekundärliteratur

Dang-Anh, M., Einspänner, J., & Thimm, C. (2013). Mediatisierung und Medialität in Social Media: Das Diskurssystem "Twitter". In *Sprache und Kommunikation im technischen Zeitalter* (S. 68-94). Berlin: Konstanze Marx; Monika Schwarz-Friesel.

Dürscheid, C., & Frick, K. (2014). Keyboard-to-Screen-Kommunikation gestern und heute: SMS und WhatsApp im Vergleich. *Sprachen? Vielfalt! Sprache und Kommunikation in der Gesellschaft und den Medien. Eine Online-Festschrift zum Jubiläum von Peter Schlobinski* , S. 149-181.

Dürscheid, C., Wagner, F., & Brommer, S. (2010). *Wie Jugendliche schreiben.* Berlin/ New York: Susanne Günther; Klaus-Peter Konerding; Wolf-Anderas Liebert; Thorsten Roelcke.

Fumina, S. (2003). Verbale Attacken in den Medien und Gewaltsprache unter Jugendlichen. In *Neue Sprachmoral?* (S. 80-92). Wien: Anne Betten; Richard Schrodt; Andreas Weiss.

Haase, M., Huber, M., Krumeich, A., & Rehm, G. (1997). Internetkommunikation und Internet. In R. Weingarten, *Sprachwandel durch Computer* (S. 51-85). Opladen: Rüdiger Weingarten.

Marx, K., & Schwarz-Friesel, M. (2013). Vorwort. In K. Marx, & M. Schwarz-Friesel, *Sprache und Kommunikation im technischen Zeitalter* (S. 1-4). Berlin: Konstanze Marx; Monika Schwarz-Friesel.

Plewnia, A., & Witt, A. (2014). Einleitung. In *Sprachverfall?* (S. 1-10). Berlin/ Boston: Albrecht Plewnia; Ardreas Witt.

Ruhnkehl, J. (2012). Vom Web 1.0 zum Web 2.0. In T. Siever, & P. Schlobinski, *Entwicklungen im Web 2.0* (S. 9-24). Frankfurt am Main: Torsten Siever; Peter Schlobinski.

Schrodt, R. (2013). Das Sprachbarometer zeigt Sturm: Nutzen und Notwendigkeit soziologischer Konzepte bei der Erforschung der deutschen Gegenwardssprache. In *Neue Sprachmoral?* (S. 15-23). Wien: Anne Betten; Richard Schrodt; Andreas Weiss.

Storrer, A. (2014). Sprachverfall durch internetbasierte Kommunikation? In *Sprachverfall?* (S. 171-196). Berlin/ Boston: Albrecht Plewnia; Andreas Witt.

Internetquellen

Der Spiegel-Online. (3. März 2003). *www.spiegel.de.* Abgerufen am 14. Oktober 2014 von www.spiegel.de: http://www.spiegel.de/schulspiegel/sms-sprachalarm-an-schulen-2b-or-not-2b-a-238539.html

Die Welt Online. (02. Jannuar 2012). *www.welt.de.* Abgerufen am 10. November 2014 von www.welt.de: http://www.welt.de/kultur/article13793892/Sprachexperte-geisselt-Fetzenliteratur-auf-Twitter.html

Fiene, D. (8. Oktober 2014). *www.rp-online.de.* Abgerufen am 10. Oktober 2014 von www.rp-online.de: http://www.rp-online.de/digitales/apps/whatsapp-was-facebook-jetzt-unbedingt-aendern-muss-aid-1.4578981

Internet World Business Magazin. (2013). *www.internetworld.de.* Abgerufen am 22. September 2014 von www.internetworld.de: http://www.internetworld.de/bildergalerie/top-apps-2013-253879.html?seite=2

Kirch, N. (24. Mai 2014). *www.socialmediastatistik.de.* Abgerufen am 20. September 2014 von www.socialmediastatistik.de: http://www.socialmediastatistik.de/zukunft-von-somestats-autoren-und-gastautoren-gesucht/#more-2341

Poczynek, J. (09. Sep. 2010). *www.poczynek.org.* Abgerufen am 10. Sep. 2014 von www.poczynek.org: http://www.poczynek.org/downloads/Social% 20Media%20-%20Wichtige%20Punkte%20im%20digitalen% 20Universum%20-%20Hrsg%20Jan.A.Poczynek%20-%20WikipediaBook.pdf

Saarländischer Rundfunk Online. (30. Oktober 2014). *www.sr-online.de.* Abgerufen am 05. Novermber 2014 von www.sr-online.de: http://www.sr-online.de/sronline/nachrichten/panorama/mehr_sprachtherapien100.html